AF400282

L'ombre d'Ulysse

The Shadow of Ulysses

Jean-Hughes Chevy

L'ombre d'Ulysse

The Shadow of Ulysses

Haïkus

JDH Éditions
Nouvelles Pages

日本

PRÉFACE

Heureux qui comme Ulysse a fait un long voyage…

Heureux qui comme Jean-Hughes Chevy a marché sur ses traces… mais si Ulysse a erré pendant vingt ans en navigant à l'aveugle d'une île ionienne à l'autre, Jean-Hughes, lui, sait où il va… même s'il aime se perdre en chemin…

D'un train à l'autre, d'un bus à l'autre, d'un pied sur l'autre, il nous embarque ! Mais son transport de prédilection est le haïku, ce petit poème minimaliste qu'il manie avec adresse.

Les uns vous diront qu'il est fait de dix-sept syllabes savamment orchestrées en 5/7/5, les autres qu'il ne doit pas posséder de rimes, qu'il doit à tout prix comporter un mot de saison, ne pas employer le « JE »… Et pourtant… le haïku est lui aussi un voyage…

Alors faites votre valise, et suivez le guide !

Espagne, Italie, Grèce… Pour chacun des pays, l'auteur adopte sa langue, sa culture, son histoire. De *carrer* en *calle*, de *duomo* en *piazza*, il effectue avec grâce les pas d'un flamenco endiablé ou les entrechats d'un élégant sirtaki.

Avec humour et tendresse, il décrit les autochtones de tous les âges et de tous les milieux. Bébés italiens, adolescents grecs, mamas et hidalgos, livreurs de pizzas, serveuses, éboueurs, cerbères… personne n'échappe à son regard malicieux.

Plus subtil encore, le haïku nous entraîne également dans un voyage intérieur où l'on vibre avec Jean-Hughes devant les oliviers centenaires, les collines bleues, l'eau turquoise, les vieux albâtres ou *l'ombre d'Ulysse…*

Odeur de cuir, de vieilles pierres, de braises… chant de sirène, air d'accordéon, *chambre avec ouïe sur la mer*, le corps tout entier admire, hume, écoute, goûte, touche chaque instant frétillant de vie sous la plume de l'auteur.

Empli de chaque minute qu'il savoure de toute son âme, le poète n'en oublie pas pour autant les siens qui lui préparent le plus beau des cadeaux, mais également ses semblables de tous les coins du monde soumis à la misère et la violence.

Sur trois lignes majoritairement, les haïkus résonnent parfois aussi sur quatre, deux ou même une seule, mais jamais inutilement.

rue Dédale le musée du Minotaure c'est tout droit

Graphiquement, l'utilisation d'une seule ligne renforce le propos.

messe à la basilique
au cœur de pierre

La concision, l'allusion, le double sens laissent, ici, l'espace au lecteur pour nourrir lui-même la troisième ligne de son interprétation, son imagination, son inspiration.

Éole
sur les îles
elle achète des sandales
plus légères

Ici, les première et quatrième ligne se font écho.
La légèreté des sandales s'oppose à la force des vents. Dans cette situation extrême de lutte contre les éléments, même le poids le plus infime peut s'avérer salvateur dans l'effort d'avancer contre la force invisible d'Éole.
Le haïku lui-même dessine le pourtour d'une île et forme comme un petit cumulus au milieu de la page du recueil de Jean-Hughes Chevy illustrant admirablement la scène décrite.

Aucun besoin de sandales pour les lecteurs, c'est pieds nus qu'il faut savourer les haïkus pour se baigner de ce voyage aux multiples saveurs.

Valérie Rivoallon

Clichy, 10 octobre 2022

地球

ITALIE

ITALY

CINQUE TERRE

CINQUE TERRE

soleil d'Italie
les citronniers encore pleins
de lune

*Italian sun
the lemon trees still full
of moon*

———

Vernazza
je dors parmi les escaliers
et les arums

*Vernazza
I sleep among the stairs
and the arums*

due caffè
debout sur le seuil la Bimbo
et mamma Bimbo

due caffè
on the doorstep the hot babe
and the mamma hot babe

allora
ici même l'attente
est de bonne humeur

allora
here even the wait
is in a good mood

lungo per favore
elle lui sert un espresso
l'erreur est souriante

lungo per favore
she serves him an espresso
the error is smiling

—————

soleil des Cinque Terre
je me perds dans les ruelles
avec bonheur

Cinque Terre sun
I'm getting happily lost
in the alleys

olivier centenaire
on se parle avec les mains

centenary olive tree
we talk to each other with our hands

---

montée de Corniglia
dans mon dos le souffle
des Cinque Terre

climb of Corniglia
behind my back the breath
of the Cinque Terre

grand chemin
je rends sa liberté au caillou
de ma chaussure

long way
I set my shoe's pebble
free

———

citrons olives vin blanc
la misère est belle au soleil

lemons olives white wine
misery is beautiful in the sun

sentier des Cinque Terre
les escaliers à coups de reins
et de soleil

Cinque Terre trail
the stairs with jerks
and sunburns

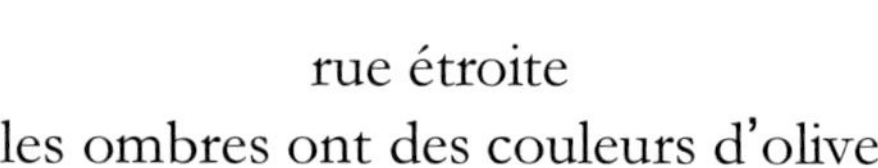

rue étroite
les ombres ont des couleurs d'olive
et de vin blanc

narrow street
the shadows have olive and white wine's
colors

bousculade en bas du sentier
la paix se fait attendre

rush down the trail
peace is overdue

———————

montée de Corniglia
un accordéon fait guincher
les Cinque Terre

ascent of Corniglia
an accordion makes dance
the Cinque Terre

orage dans la rue
le jour court s'abriter
sous les nuages

storm in the street
the day runs to shelter
under the clouds

descente de Monterosso
là-haut l'accordéon
expire

Downhill from Monterosso
up there the accordion
exhales

pied de la falaise
une cahute frôle l'écume

bottom of the cliff
a hut brushes against the foam

---

nombrils
au soleil leurs petits hauts
raccourcis

belly buttons
in the sun their little tops
are getting shorter

de cris d'enfants
l'écume
résonne

from the cries of children
the foam
echoes

---

clarté d'oliviers
le chemin côtier exhale
des parfums de lune

brightness of olive trees
the coastal path exhales
perfumes of the moon

Vernazza
les escaliers poussent plus haut
que les arums au printemps

Vernazza
the stairs grow higher
than the arums at spring

———

Cinque Terre
le ciel

Cinque Terre
the sky

couchant hâtif
les arums repus

hasty sunset
the satiated arums

竹

TOSCANE

TUSCANY

Toscane
le train stationne entre deux quais
de boutons d'or

*Tuscany
the train parks between two platforms of
buttercups*

———

dans le ciel
plane une mouette
sans ombre

*in the sky
soars a seagull
shadowless*

collines bleues
le train traverse des traces
de rayons jaunes

blue hills
the train crosses traces of
yellow rays

———————————

Toscane
sous l'ocre des campaniles
le tocsin des nombrils

Tuscany
under the ocher bell towers
the tocsin of belly buttons

le navigateur GPS
me fait passer par
un torrent

the GPS navigator
takes me through
a torrent

———————————————

varco attivo[1]
les rues encombrées
de sacs poubelles

varco attivo[2]
the streets littered with
garbage bags

---

[1] Péage urbain.
[2] *Congestion charge.*

chantier de printemps
à Porto Venere le retour
des grues

spring construction site
in Porto Venere the return of
the cranes

———————————

restaurant
le sourire d'un bébé italien

restaurant
the smile of an Italian baby

pizza en terrasse
un pigeon se pose
sur la tête
de ma voisine

pizza on the terrace
a pigeon lands
on the head
of my neighbor

---

dans sa cuillère
elle tourne les spaghettis –
vertige

in her spoon
she turns the spaghetti –
vertigo

sans pudeur
le masque FFP2 pendu à l'oreille
de la voisine

shamelessly
the FFP2 mask hanging
on the neighbor's ear

hauts de Porto Venere
au plus près du ciel
le cimetière

tops of Porto Venere
as closely as possible to the sky
the cemetery

Volterra
la Toscane sourit
de toutes ses pierres

Volterra
Tuscany smiles
of all its stones

———

en costumes d'époque
les gentes dames vapotent
pause syndicale

in period costumes
ladies vape
union break

plus fraîche
la glace italienne
sur tes lèvres

fresher
Italian ice cream
on your lips

———————————

Toscane
la fin de saison agace
le dernier moustique

Tuscany
the end of the season annoys
the last mosquito

le sourire au menu
du pesto sur mon cabillaud
décongelé

smile on the menu
pesto on my cod
thawed

———————————

Pise
le petit dej' sur une table
penchée

Pisa
breakfast on a table
leaning

ombre de la tour
une fillette à cloche-pied

tower shadow
a little girl on one foot

—————————————

pas quinze ans
et déjà des heures à s'admirer
dans son phone

not fifteen
and already hours of admiring herself
in her phone

Pise
mon cœur penche
à son tour

Pisa
my heart leans
in its turn

Camposanto
sur la tombe d'un moine les enfants
jouent à la marelle

Camposanto
on the grave of a monk the children
play hopscotch

スツール

Duomo
l'Iphone lui rappelle l'heure
de sa méditation

Duomo
the Iphone reminds him of the time
of his meditation

—————

église de Pise
sa façade rayée
de passage clouté

Pisa church
its striped facade
of crosswalk

rues de Pise
les vendeurs de bracelets
vous demandent l'heure

Pisa streets
bracelet sellers
ask you the time

———————————

rue étroite
la voiture trop grosse
pour ressortir

narrow street
the car too big
to come out

Pise
mon penchant
pour la bière

Pisa
my liking
for the beer

---

nuit de l'Arno
la caresse de ta main
sur ma nuque

Arno night
the caress of your hand
on my neck

bouquet d'accueil
des fleurs vertes et jaunes
peintes sur les murs

welcome bunch
green and yellow flowers
painted on the walls

à l'étroit
dans les ruelles de Florence
l'odeur de cuir

cramped
in the alleys of Florence
the smell of leather

Yellow bar
les cheveux noirs des Italiennes
avec marmaille

Yellow bar
the black hair of Italian women
with brats

attaque de pigeons en terrasse
je sauve le carnet
pas le verre

attack of pigeons on the terrace
I save the notebook
not the glass

noisette
les yeux glacés
de la vendeuse

hazelnut
the frozen eyes
of the saleswoman

——————————

cloches de la cathédrale
un homme tire la corde
de son chien

cathedral bells
a man pulls the rope
of his dog

Venus de Botticelli
l'éternelle renaissance
du selfie

Venus of Botticelli
the eternal rebirth
of selfie

salles Michel-Ange
les nez des collégiens
sur les smartphones

Michelangelo rooms
college students' noses
on smartphones

piazza della Repubblica
les carbonara

piazza della Repubblica
the carbonara

———————

Florence
le vendeur à la sauvette détale
devant un homme furieux

Firenze
the street vendor scurries off
in front of a furious man

les eaux calmes de l'Arno
reflets fastueux

the still waters of the Arno
lavish highlights

———————————

Duomo
un visage de Madone dans la file
des paninis

Duomo
a Madonna's face in the line
for paninis

piazza della Signora
une feuille sur la fronde
de David

piaza de la Signora
a leaf on the frond
of David

———

galerie des Offices
une mendiante
statufiée

Uffizi gallery
a beggar woman
statufied

couvent San Marco
deux amoureux se bécotent
dans une cellule

Convent of San Marco
two lovers smooch
in a cell

———————————

rue Chien et chat
le collège déverse des cris stridents

Dog and cat street
the high school pours out shrill cries

devant l'opéra
un panforte

in front of the opera
a panforte

————————————————

Millefoglie
au bar une fille tire la bière
mille folies

Millefoglie
at the bar a girl draws beer
thousand follies

紙
水

ROME

ROME

tempo maestoso
les étourneaux dans le ciel
de la ville éternelle

maestoso tempo
the starlings in the sky
of the eternal city

---

airbnb
réveil au-dessus d'un nid
de croissants chauds

airbnb
waking above a nest
of hot croissants

berges du Tibre
le rire familier
des mouettes

banks of the Tiber
the familiar laugh
of seagulls

———————————

Rome
les femmes de Fellini
en vrai

Rome
Fellini's women
for real

automne
devant la basilique les feuilles
mortifiées

Autumn
in front of the basilica the leaves
mortified

———————

Rome
vieux albâtres
jeunes poitrines

Rome
old alabaster
young breasts

messe à la basilique
au cœur de pierre

mess at the basilica
with a stone heart

———————————

Saint Pierre
j'allume un cierge
pour ma grand-mère

Saint Pierre
I light a candle
for my grandmother

Basilique –
la foi
bâtie sur les pierres

*Basilica –
the faith
built on stones*

———————————

terrasse italienne
le vin fleuri

*Italian terrace
flowery wine*

羽

Sixtine
une voix demande le silence
a cappella

Sistine
a voice asks for silence
a cappella

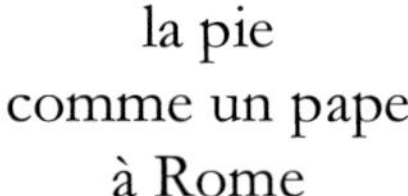

la pie
comme un pape
à Rome

the magpie
like a pope
in Rome

Vatican
elle tend un gobelet vide
en vain

Vatican
she holds out an empty cup
in vain

---

musée du Vatican
en face du restaurant
l'atelier de restauration

Vatican museum
in front of the restaurant
the restoration workshop

Colisée
ici l'ombre des jeux
colle aux pierres

Coliseum
here the shadow of the games
glues to the stones

Marioupol
la tragédie
du théâtre

Mariupol
the tragedy
of the theater

Rome impériale
la vie
en lauriers roses

Imperial Rome
life
in oleander

————————————

Colisée
côté soleil pour mieux bronzer
les collégiennes

Coliseum
on the sunny side for a better tan
high school girls

palais antique
un papillon d'or sur les ruines

ancient palace
a golden butterfly on the ruins

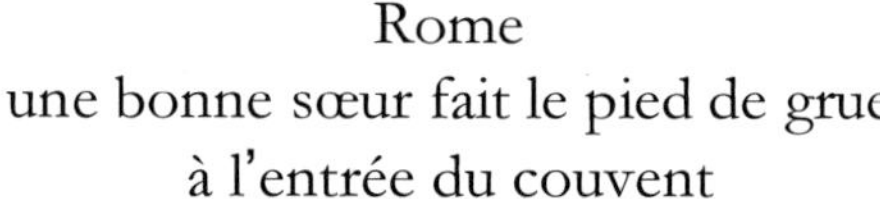

Rome
une bonne sœur fait le pied de grue
à l'entrée du couvent

Rome
a nun on the crane
at the entrance of the convent

ville éternelle
aucun des mille étourneaux
ne s'attarde

eternal city
none of the thousand starlings
lingers

———

sous les ponts de Rome
dorment des tentes
pas très catholiques

under the bridges of Rome
tents sleep
not very catholic

NAPLES

NAPLES

baie de Naples
l'œil sans fond d'une Anglaise

bay of Naples
the bottomless eye of an Englishwoman

───────────

lingerie aux fenêtres
les conteneurs débordent
de souris

lingerie at the windows
containers overflow
with mice

Naples le nez en l'air
parmi le linge aux fenêtres
guetter un sourire

Naples nose in the air
among the laundry at the windows
wait for a smile

embouteillage
elle engueule le bus
avec les mains

traffic jam
she yells at the bus
with the hands

Naples
le chant de l'éboueur
qui vient pour la récolte

Naples
the song of the garbage man
who comes for the harvest

———

fresques de Pompeï
les frasques du lupanar
en tenues démodées

Pompeii's frescoes
the antics of the brothel
in old-fashioned clothes

petites Anglaises
leurs poses de vestales devant les temples

little English girls
their poses of vestals in front of the temples

j'avance sur des débris d'amphores
le volcan est serein

I keep moving on the debris of amphoras
the volcano is serene

explosion du coût de la vie
ailleurs
la vie sous les explosions

explosion in the cost of living
elsewhere
life under the explosions

———————————

sac à dos
sac Vuitton
main dans la main

backpack
Louis Vuitton bag
hand in hand

musée archéologique
les cartons des sans-abris
devant l'entrée

archaeological museum
the boxes of the homeless
in front of the entrance

---

seuls au monde
sur un tapis d'olives
les amoureux

alone in the world
on a carpet of olives
lovers

historique
la façade
pas les culottes

historical
the facade
not the panties

seuil du kebab
une pie s'envole
du tapis d'Aladdin

kebab threshold
a magpie flies away
from Aladdin's carpet

蝶

deux Italiennes
les hanches folles de chansons

two Italian women
with crazy hips of songs

flanc de falaise
accroché à sa ligne un pêcheur
de vent

cliffside
hanging on his line
a wind fisherman

Vénus en ruine
une toile d'araignée sous le sein

*Venus in ruins
a spiderweb under her breast*

dos au soleil
la photo du palais
au jugé

*back to the sun
the photo of the palace
on trial*

d'autant plus beau
l'intérieur du palais
où l'on n'entre pas

even more beautiful
the interior of the palace
where one does not enter

———————————————

via Miracoli
miracle de l'œil
d'une blonde

via Miracoli
miracle of the eye
of a blonde

fin de l'été
à la fenêtre
un soutif en berne

end of summer
at the window
a bra at half-mast

Duomo
une pièce pour le sourire
d'un mendiant aux yeux sales

Duomo
a coin for the smile
of a dirty-eyed beggar

nuit napolitaine
un rire d'ado dévale la ruelle

*Napolitan night
a teenage laugh rolls down the alley*

——————————

sous la fenêtre ouverte un accord de guitare
à vide

*under the open window a guitar chord
run out*

via Duomo
des garçons malpolis
sur des motos

via Duomo
rude boys
on motorcycles

———————————

fêtards
les pétards
des blondes apprêtées

party goers
the firecrackers
mannered blondes

nuit napolitaine
sous la fenêtre la sérénade
des mobylettes

Napolitan night
under the window the serenade
of mopeds

Napoli
la lune est là qui sourit
étreignant une ombre

Napoli
the moon is there smiling
hugging a shadow

靴

MAJORQUE

MALLORCA

雲
雲

le ramier roucoule lentement : ma-llor-ca

the woodpigeon coos slowly: ma-llor-ca

———

airbnb
sous la tête de lit
niche une odeur
de vieille pierre

airbnb
under the headboard
nestles a smell
of old stone

Palma
les chevaux des calèches frissonnent
sous les palmiers

Palma
the horses of the carriages shiver
under the palm trees

seul dans le musée
une crucifixion du XIVe
cadavérique

alone in the museum
a 14th century crucifixion
cadaveric

solstice d'été
un long jour de destruction
de l'Ukraine

summer solstice
a long day of destruction
of Ukraine

———————————

à l'ombre du cèdre
le citronnier recèle
la fraîcheur d'un zeste

in the shade of the cedar
the lemon tree conceals
the freshness of a zest

Palma, Cellar
l'addition est douce
le vin aigre

Palma, Cellar
the addition is sweet
the vine sour

———————————

vieille ville
le vent visite
des venelles vides

old City
the wind visits
empty alleys

plaça d'en Coll –
collection
d'exclamations

plaça d'en Coll –
collection
of exclamations

———————————

Palma
l'écorce d'un palmier
s'élève du patio

Palma
the bark of a palm tree
rises from the patio

un greffier sur le fût : le chat du chai

a clerk on the barrel: the cellar cat

la lune pleine délaisse
les ruelles désertes

the full moon abandons
the deserted alleys

petit dej' devant la mer
et un bébé cactus
je serai grand-père
demain

breakfast in front of the sea
and a baby cactus
I will be a grandfather
tomorrow

Majorque –
M. Muscle fait prendre le chaud
à son boxer

Mallorca –
Mr Muscle makes
his boxers hot

au milieu des orangers, une « main de Bouddha »

in the middle of the orange trees, a "Buddha's hand"

fourmi dans la toile
l'araignée attend la fin
de mon petit dej'

ant in the web
the spider is waiting for the end
of my breakfast

vagues carrées
les immeubles descendent
jusqu'à la mer

square waves
buildings go down
to the sea

---

moitié citron, moitié orange – l'arbre greffé

half lemon, half orange – the grafted tree

carrer del Vent –
un camion de vidange
plein d'aisance

Carrer del Vent –
a vacuum truck
full of ease

———————————————

échelles et cordes
une escouade de Sarrasins
attaque la cathédrale
à la perceuse

ladders and ropes
a squad of Saracens
attacks the cathedral
with a drill

San Miquel – odeur de fringues fraîches

San Miquel – smell of fresh clothes

———————————

dans l'eau turquoise
nageant sous l'ombre fugace
d'un cumulus

in turquoise water
swimming under the fleeting shadow
of a cumulus

fléchette bleue
il part pour la France
mon SMS

blue dart
it is leaving for France
my text message

ESPAGNE

SPAIN

剣魂
バレリ

Sagrada Familia
complet
pas de place pour moi

Sagrada Familia
full
no room for me

———————————————

printemps
fleurissent jacinthes
et bombes

spring
hyacinths and bombs
bloom

musée Colomb
assister à la naissance
de l'Amérique

Columbus museum
witness the birth
of America

———————————

portrait de Colomb
en honnête homme
envie de mer

portrait of Columbus
as an honest man
desire for the sea

Andalousie
des mamies aux airs de Carmen

*Andalusia
grannies with the air of Carmen*

statue de Colomb
une gitane dit la bonne aventure

*statue of Columbus
a gypsy woman tells fortunes*

jardins de Séville
les enfants jouent à la guerre
sous un grenadier

Seville gardens
children play war
under a pomegranate tree

soleil andalou
les fourmis rouges
noircissent

Andalusian sun
red ants
turn black

arènes de Séville –
l'éclat des corridas
en kaléidoscope

Seville bullrings –
the radiance of bullfights
in kaleidoscope

vieille ville
ici les piafs imitent
le cri des sirènes

old city
here the birds imitate
the cry of sirens

orage andalou
l'essuie-glace joue
de l'éventail

andalusian storm
the windscreen wiper plays
the fan

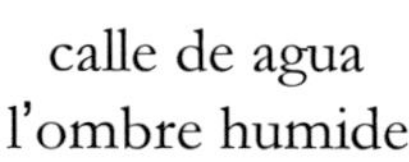

calle de agua
l'ombre humide
des tonnelles

calle de agua
the damp shade
of arbours

ウェーブ

Andalouse
des yeux aux chevilles
le flamenco

Andalusian woman
from eyes to ankles
the flamenco

œil flamenco
la danseuse connaît
la musique

flamenco eye
the dancer knows
the music

flamenco –
une gerbe d'étincelles
tout en elle

flamenco –
a spray of sparks
all inside her

---

nuit catalane
le GPS se met à parler
castillan

Catalan night
the GPS starts talking
Castilian

rouge à la cuirasse
l'hidalgo du soleil levant
sous les sakoria[3]

red in the breastplate
the hidalgo of the rising sun
under the sakoria[4]

Ronda – Malaga
le même petit nuage
dans le rétroviseur

Ronda – Málaga
the same little cloud
in the rear-view mirror

---

[3] À Coria : la version andalouse des sakura.
[4] In Coria: the Andalusian version of sakura.

l'été se parfume
à l'écart
des tempêtes

summer is perfumed
away from
the storms

————————————

écume
au large un cargo poursuit
son voyage immobile

foam
off the coast a cargo ship continues
its motionless journey

infatigable
l'écume vierge voyage
vers le sable blanc

tireless
virgin foam travels
to the white sand

---

soleil couché
les vagues s'éclairent
du cri des mouettes

setting sun
the waves light up
from the cry of seagulls

bout de l'Europe
le coucher du soleil dans un bain
acrylique

end of Europe
the sunset in a bath
acrylic

sous la lune
un banc de sardines
trouble

under the moon
a school of sardines
disorder

lit chez l'habitant
dans la nuit l'œil rouge
du radiateur

bed in a local's home
in the night the red eye
of the radiator

bout de l'Europe
elle n'ira pas plus loin avec moi
la lune

end of Europe
she will go no further with me
the moon

GRÈCE

GREECE

詩

théâtre de l'Acropole
j'admire la troupe
des oiseaux

Acropolis theater
I admire the flock
of birds

———————————

Acropole en grève
la guide nous fait passer
un cerbère borgne

Acropolis on strike
the guide takes us through
a one-eyed Cerberus

hors de portée
derrière la vitre
Aphrodite

out of reach
behind the glass
Aphrodite

———

Acropole en grève
Herakles prend sa pose

Acropolis on strike
Herakles strikes a pose

théâtre antique –
le fantôme d'Eschyle
rassemble les chats

ancient theater –
the ghost of Aeschylus
gathers the cats

———————

statue
sous le marbre
Aphrodite

statue
under the marble
Aphrodite

parlement d'Athènes
un cordon anti-émeutes

*Athens parliament
a riot cordon*

———

selfie à Thessalonique
le cheval d'Alexandre
coupé

*selfie in Thessaloniki
Alexander's horse
cut*

sortie de virage
la mer !

exit from a bend
the sea!

———————————

dans ses yeux
tant d'îles voyagent

in his eyes
so many islands travel

petit matin
la statue d'Alexandre
a grandi

early morning
the statue of Alexander
grew up

---

entre ciel et mer
un porte-conteneurs
en lévitation

between sky and sea
a container ship
in levitation

chaque matin
fuyant son ombre
Bucéphale s'élance
vers l'Orient

each morning
fleeing from his shadow
Bucephalus soars
to the East

———————————

une ombre
sous l'olivier millénaire
Ulysse ?

a shadow
under the millennial olive tree
Ulysses?

sortis des ruines
les neiges de l'Olympe
et un ouzo

out of the ruins
the snows of Olympus
and an ouzo

———————

poulpes en terrasse
me poussent des doigts
supplémentaires

octopus on the terrace
additional fingers
grow up on me

bus de Tsimiski
une ado fait des signes
de croix

bus from Tsimiski
a teenager makes signs
of the cross

—————

mer Égée
un poisson jaune et noir
signe le tableau

Aegean Sea
a yellow and black fish
signs the painting

rétrécissement de la route côtière…
bloqués devant un restaurant

narrowing of the coastal road…
stuck in front of a restaurant

———

gourmand
le ciel inonde la mer
de coulis turquoise

greedy
the sky floods the sea
with a turquoise grout

changement de maillot
elle montre ses fesses
au Mont Athos

change of swimming costume
she shows her buttocks
to the Mount Athos

coin de plage
l'odeur de braises
d'un sac à dos
rôti

corner of the beach
the smell of embers
of a backpack
roasted

Mont Athos
l'antiquité
des cumulus

Mount Athos
the antiquity of
cumulus clouds

———————

Odyssée
des poèmes d'Homère aussi
sous les bombes

Odyssey
Homer's poems too
under the bombs

zeugma
je sais un mot de plus
et toujours pas le grec

*zeugma
I know one more word
and still no greek*

fish and chips
un goût d'odyssée dans les glaces
du congélateur

*fish and chips
a taste of odyssey in ice cream
from the freezer*

fin de saison
au firmament les dieux prennent un vol
pour les îles

end of season
in the firmament the gods take flight
for the islands

木星

CRÈTE

CRETE

arrivé en Crète
il boit déjà une bière
en souvenir

arrived in Crete
he is already drinking a beer
in memory

———

boutique de chaussures
elle regarde marcher les touristes

shoe shop
she watches the tourists walking

Crète
le vent dans les vieux moulins
inertes

Crete
the wind in the old mills
inert

souffle court
les papotages cessent dans l'escalade
des moulins

short of breath
the chatters stop in the climb
of the mills

changement d'heure
le pastis dans une main
l'ouzo dans l'autre

Time change
pastis in one hand
ouzo in the other

———————————

troués
les gréements des vieux moulins
et les jeans des touristes

holed
the rigging of old mills
and the tourists' jeans

Éole
sur les îles
elle achète des sandales
plus légères

Aeolus
on the islands
she buys sandals
lighter

———————————

plus haut que les moulins rouillés
la danse des éoliennes

higher than the rusty mills
the dance of the wind turbines

Aghios Nikolaos
crème de nuage sur pudding d'ocres

*Aghios Nikolaos
cloud cream on ocher pudding*

———————————

plage de Matala
séparer le bleu du ciel

*Matala beach
separate the blue from the sky*

vieux port crétois l'odeur de cuir prend le large

old Cretan port the smell of leather takes off

———————————————

chat du port
son reflet dans une mer
de friandises

harbor cat
its reflection in a sea
of sweets

Crète
chambre avec l'ouie sur la mer

Crete
room with hearing on the sea

front de mer
réveillé par un coq
incongru

waterfront
awakened by a rooster
incongruous

dans la brume une maison inachevée

in the mist an unfinished house

archéologie
il traîne la jambe dans les ruines

archeology
he drags his leg in the ruins

océan d'oliviers
de quoi noyer
l'ouzo

ocean of olive trees
something to drown
ouzo

église orthodoxe
les chats en prière

Orthodox church
praying cats

plage venteuse
les rouleaux des jupes bleues
et corsages blancs

windy beach
the rolls of blue skirts
and white bodices

—————————

mer rêveuse
la sonnerie bleue du smartphone

dreamy sea
the blue ringtone of the smartphone

enlacés
ils comptent leurs oliviers
flirt crétois

entwined
they count their olive trees
Cretan flirting

---

au soleil une robe d'été
défaite

in the sun a summer dress
defeat

Nina fait le raki
bien sûr
et elle le boit
aussi

Nina makes the raki
sure
and she drinks it
too

———————————————

toilettes
frappez avant d'entrer

toilet
knock before entering

danse traditionnelle
de beaux grecs enchaînent les entrechats

traditional dance
beautiful Greeks do a series of entrechats

Crète les murs parlent le graff moderne

Crete the walls speak modern graffiti

vieux monastère
davantage d'autocars que de moines

old monastery
more coaches than monks

—————————————

Crète
une poitrine grecque
sculpte un corsage
chinois

Crete
a Greek chest
carves a bodice
Chinese

plus près de son cœur
dans le côté du bonnet
le smartphone

closer to her heart
in the side of her bra cup
the smartphone

———

Crète
la première pluie
baptise les olives
de la saison

Crete
the first rain
baptizes the olives
of the season

selfie avec un moine de dos

selfie with a monk from the back

Crète
la pluie sèche à la vitesse
de l'éclair

Crete
the rain dries with the speed
of lightning

palais de Knossos
un puits de lumière
garde les sceaux

palace of Knossos
a well of light
keeps the seals

———

SMS en rafales
elle fait un selfie
pour changer

texting in bursts
she takes a selfie
for a change

cour du monastère
le parfum des citrons mûrs

monastery courtyard
the scent of ripe lemons

———————————

palais Minoen
une cour pour les jeux d'acrobates
avec les taureaux

Minoan palace
a courtyard for acrobatic games
with the bulls

quarante siècles
sous les oliviers
Ulysse

forty centuries
under the olive trees
Ulysses

———————————

couvent crétois
une chatte allaite
au milieu de l'allée

Cretan convent
a cat nurses
in the middle of the alley

bourrasque
la dormition
des feuilles mortes

gust
the sleeping
of dead leaves

———————————

rue Dédale le musée du Minotaure c'est tout droit

rue Dédale the Minotaur museum is straight ahead

fin de saison
les cordes des bouzoukis
plus espacées

end of season
the strings of the bouzoukis
more spaced out

---

plage de Saint-Nicolas
les transat' pas cadeau

Saint Nicolas beach
No thank you deckchairs

palais crétois
l'ombre d'Ulysse épaisse
de quarante siècles

Cretan palaces
the shadow of Ulysses thick
of forty centuries

———————————————

arrière-saison les parasols en portemanteaux

late season umbrellas as coat racks

ce grand platane
je crois l'avoir déjà croisé
dans une autre vie

this big plane tree
I think I've met him before
in another life

———————————

côte crétoise
souffle un vent
de sirtaki

Cretan coast
blows a wind
of sirtaki

touché-coulé
un croiseur au fond de la mer Noire
sous la lune rose

touched flowed
a cruiser at the bottom of the Black Sea
under the pink moon

platane millénaire
le temps d'un dernier café
avec Zorba

millennial plane tree
time for a last coffee
with Zorba

fleurs du vieux port
une envie de voyage

old port flowers
a desire to travel

鳥

Yoann Laurent Rouault est le directeur littéraire et artistique de la maison d'édition JDH. Maître des Beaux-Arts, ancien des métiers de la publicité et de la communication, ancien dessinateur de presse, il est aujourd'hui illustrateur, auteur, biographe, producteur, éditorialiste et rédacteur en chef de la revue littéraire *L'Édredon* de JDH Éditions. Voici un aperçu de ses publications les plus récentes et de quelques-unes de ses collaborations.

Les livres illustrés par Yoann Laurent-Rouault pour JDH Éditions

➤ JDH ÉDITIONS. **Le collector 1984**, d'après George Orwell.

➤ JDH ÉDITIONS. **Trois siècles de pensée économique**, de Nicolas Piluso, collection « Les Pros de l'Éco ».

➤ JDH ÉDITIONS. **La belle équipe du football français**, de Y. Laurent-Rouault, J.-D. Haddad & B. Rousseau, collection « Sporting Club ».

➤ JDH ÉDITIONS. **Bourse de Paris : 10 grands patrons, 10 grandes histoires**, de Y. Laurent-Rouault, J.-D. Haddad et B. Rousseau, collection « Les Pros de l'Éco ».

➤ JDH ÉDITIONS. **L'ombre d'Ulysse** (haïkus), de Jean-Hughes Chevy, collection « Nouvelles Pages ».

➤ JDH ÉDITIONS. **Mona Nova**, C. Fourrier, collection « Nouvelles pages ».

Romans, théâtre et pamphlets écrits par Y. Laurent-Rouault

➤ JDH ÉDITIONS. **Le conard nu**, roman, collection « Magnitudes ».

➤ JDH ÉDITIONS. **Tu n'iras pas à l'école mon fils**, pamphlet, collection « Uppercut ».

➤ JDH ÉDITIONS. **Coronavirus, la dictature sanitaire**, pamphlet (collectif), collection « Uppercut ».

➤ JDH ÉDITIONS. **Le roman en pièce ou la petite cuillère de porcelaine rouge**, théâtre., collection « Drôles de pages ».

➤ JDH ÉDITIONS. **Les 84 marches**, roman d'anticipation, collection « Black Files ».

➢ JDH ÉDITIONS. **L'anatomie de la Marguerite**, recueil, collection « My Feel Good »
➢ 6 nouvelles sur différents collectifs et thématiques.

<h3 style="text-align:center">Adaptation :</h3>

➢ JDH ÉDITIONS. **La tragédie de Fidel Castro**, de João Cerqueira. Winner USA Best Book Awards & Beverly Hills Book Awards, collection « Magnitudes ».

<h3 style="text-align:center">Les Livres sur mesure/Livres d'entreprises
écrits par Yoann Laurent-Rouault chez JDH Éditions</h3>

➢ JDH ÉDITIONS. **Immigration mon amour**, biographie de Lamia Aamou, collection « Baraka ».
➢ JDH ÉDITIONS. **Biographie d'Adnan el Bakri**, chirurgien et président de la commission sur l'intelligence artificielle en médecine, collection « Baraka » (à paraître).
➢ JDH ÉDITIONS. **Biographie de Fares Zlitni** (à paraître).
➢ JDH ÉDITIONS. **Plongeurs démineurs**, Guillaume Garnier.
➢ JDH ÉDITIONS. **De Bocuse à la Corrèze: Itinéraire d'un enfant gourmand**, Benoit Ducher.

<h3 style="text-align:center">Dossiers documentaires (illustrés) et préfaces documentées
Collection « Les Atemporels »</h3>

➢ 16 titres sur des œuvres classiques de Gide (x2), Alain, Éluard, Fitzgerald, Guénon, Verne, Zola, Baudelaire, Rousseau, Allais, Pouchkine, Apollinaire, De Coubertin, Daudet et Kardec, parus ou à paraître.

DU MÊME AUTEUR

EVUIT

Dans la collection Nouvelles Pages

Evuit – Jean-Hughes Chevy

Mona Nova – Christophe Fourrier

Ceux qui restent – Tony Gallau

La couleur des âmes blanches – Philippe Buffarot

Dripping sur tatami – Hector Luis Marino

Nouvelles d'Ici et Là – Hervé Leyral

Découvrez les autres collections de JDH Éditions

Magnitudes

Drôles de pages

Uppercut

Versus

Les Collectifs de JDH Éditions

Case Blanche

Hippocrate & Co

My Feel Good

Romance Addict

F-Files

Black Files

Les Atemporels

Quadrato

Baraka

Les Pros de l'Éco

Sporting Club

Tierra Latina

Les Pros de l'Immo

L'Édredon

La revue littéraire de JDH Éditions

Venez découvrir les textes de la revue

**Textes et articles dans un rubriquage varié
(chroniques, billets d'humeur, cinéma, poésie…)**

Suivez **JDH Éditions** sur les réseaux sociaux
pour en savoir plus sur les auteurs,
les nouveautés, les projets…

Inscrivez-vous à notre Newsletter sur
www.jdheditions.fr
Pour recevoir l'actualité de nos nouvelles
parutions